AF494960

BIBLIOTHEQUE DRAMATIQUE

Théâtre moderne.

SOUVENIRS DE VOYAGE

COMÉDIE EN UN ACTE, EN PROSE

PAR

M. AMÉDÉE ACHARD

Prix : 60 centimes

LÉVY FRÈRES, LIBRAIRES-ÉDITEURS
RUE VIVIENNE, 2 BIS
PARIS — 1853

Chez les mêmes Editeurs.

MUSÉE LITTÉRAIRE

DU SIÈCLE

Choix des meilleurs ouvrages modernes de MM. de LAMARTINE, Alex. DUMAS, De BALZAC, Jules JANIN, Eugène SUE, ÉMILE DE GIRARDIN, Charles de BERNARD, Frédéric SOULIÉ, Jules SANDEAU, MÉRY, Alphonse KARR, Léon GOZLAN, Félix PYAT, Émile SOUVESTRE, SCRIBE, Paul FÉVAL, Louis DESNOYERS, Emmanuel GONZALÈS, Marc FOURNIER, SAINTINE, Michel MASSON, Émile MARCO DE SAINT-HILAIRE, etc., etc.

Il paraît deux livraisons par semaine, ou une série tous les quinze jours.

20 centimes la Livraison, composée de 24 pages.

EN VENTE, OUVRAGES COMPLETS :

ALEXANDRE DUMAS....	Les Trois Mousquetaires........	1 vol.	Prix :	1 50
—	Vingt ans après...............	—	—	2 »
—	Le Vicomte de Bragelonne......	—	—	4 50
—	Le Chevalier de Maison-Rouge..	—	—	1 10
—	Le Comte de Monte-Cristo......	—	—	3 60
—	La Reine Margot...............	—	—	1 50
—	Ascanio.......................	—	—	1 30
—	La Dame de Monsoreau.........	—	—	2 20
—	Amaury........................	—	—	» 90
—	Les Frères corses.............	—	—	» 50
—	Les Quarante-cinq.............	—	—	2 20
—	Les deux Diane................	—	—	2 »
LÉON GOZLAN...	Les Nuits du Père Lachaise.....	—	—	1 10
PAUL FÉVAL..........	Les Amours de Paris..........	—	—	1 75
—	Les Mystères de Londres......	—	—	3 »
EUGÈNE SUE	Les Sept Péchés capitaux......	—	—	5 »
	Chaque ouvrage se vend séparément :			
—	L'Orgueil.....................	—	—	1 50
—	L'Envie.......................	—	—	» 90
—	La Colère.....................	—	—	» 70
—	La Luxure.....................	—	—	» 70
—	La Paresse....................	—	—	» 50
—	L'Avarice.....................	—	—	» 50
—	La Gourmandise................	—	—	» 50
—	Les Enfants de l'Amour........	—	—	» 90
—	La Bonne Aventure.............	—	—	1 50
—	L'Institutrice................	—	—	» 90
ALPHONSE KARR......	Sous les Tilleuls.............	—	—	» 90
MÉRY...............	Héva..........................	—	—	» 50
—	La Floride....................	—	—	» 70
—	La Guerre du Nizam............	—	—	1 »
EUGÈNE SCRIBE.......	Carlo Broschi.................	—	—	» 50
—	La Maîtresse anonyme..........	—	—	» 30
—	Judith ou la loge d'opéra.....	—	—	» 30
—	Proverbes.....................	—	—	» [illegible]
CHARLES DE BERNARD.	La Femme de Quarante ans....	—	—	[illegible]
—	Un Acte de vertu et la Peine du talion	—	—	[illegible]
—	L'Anneau d'argent............	—	—	[illegible]

SOUVENIRS DE VOYAGE

COMÉDIE EN UN ACTE ET EN PROSE,

PAR

M. AMÉDÉE ACHARD

REPRÉSENTÉE POUR LA PREMIÈRE FOIS, A PARIS, SUR LE THÉATRE FRANÇAIS, PAR LES COMÉDIENS ORDINAIRES DE S. M. L'EMPEREUR, LE 16 MARS 1853.

Distribution de la pièce.

LE MARQUIS DE LA VIEU-VILLE, 50 ans. . .	MM.	PROVOST.
LE COMTE DE LILLERS, son neveu, 30 ans. . .		LEROUX.
ERNEST SIMON, capitaine de hussards, 25 ans. .		DELAUNAY.
JACQUES, valet de chambre du marquis. . . .		MONROSE.
LUCILE DE ROSAY, 18 ans, pupille du marquis.	Mlle	FIX.

La scène se passe à Paris en 1818, dans l'hôtel du marquis.

Toutes les indications de droite et de gauche sont prises du public.

1

SOUVENIRS DE VOYAGE

Un salon élégant avec trois portes au fond. Celle du milieu est la porte d'entrée ; celle de gauche conduit à la bibliothèque ; celle de droite donne dans un cabinet où sont des armes. — Au premier plan, à gauche, une console surmontée d'une glace ; dans l'angle, porte qui mène chez Lucile. — Dans l'angle, à droite, une fenêtre avec rideaux ; au premier plan, même côté, une porte. — Sur l'avant-scène, une petite table et un fauteuil à la Voltaire. Çà et là, siéges.

SCÈNE PREMIÈRE.

LE MARQUIS, JACQUES.

LE MARQUIS, *en robe de chambre, entrant par la gauche.*

Jacques?

JACQUES, *préparant la toilette du marquis.*

Monsieur le marquis?

LE MARQUIS.

Quelle heure est-il ?

JACQUES.

Onze heures, si monsieur le marquis le permet.

LE MARQUIS.

Jacques?

JACQUES.

Monsieur le marquis ?

LE MARQUIS.

Quel temps fait-il ?

JACQUES, *regardant par la fenêtre.*

Ni beau, ni laid, un temps bourgeois.

LE MARQUIS, *s'asseyant.*

Oui, un ciel gris et bête... j'aime encore mieux mon journal. Hum ! (*Lisant.*) « Ce 20 mai 1818, M. de Saint-Prix, capitaine des » chasses de Monsieur, a été frappé hier dans la soirée d'un » coup d'épée dans la poitrine. M. de Saint-Prix, interrogé sur » l'origine de cette blessure, s'est renfermé, dit-on, dans un » silence absolu... On se perd en conjectures sur le... » (*Parlant.*) Parbleu ! c'est un duel pour quelque maîtresse... une dame de la cour, sans doute... Jacques, tu iras prendre des nouvelles du gentilhomme et m'inscrire chez lui.

JACQUES.

Oui, monsieur le marquis.

LE MARQUIS.

On se bat donc encore?... Voilà qui me réconcilie avec mon siècle. . Jacques?...

JACQUES.

Monsieur le marquis?

LE MARQUIS.

Qu'est-ce que je pourrais donc bien faire aujourd'hui?

JACQUES.

Ce que monsieur le marquis voudra.

LE MARQUIS.

Si je savais ce que je veux, je ne te le demanderais pas.... (*Moment de silence.*) As-tu remarqué une chose Jacques?

JACQUES.

J'en ai remarqué plusieurs... Mais je ne sais pas si celle dont monsieur le marquis veut me parler est de ce nombre.

LE MARQUIS.

Ne te semble-t-il pas qu'on s'ennuie beaucoup en France?

JACQUES.

Cela dépend.

LE MARQUIS.

Point... cela est. Je m'ennuie, tu t'ennuies, tout le monde s'ennuie...

JACQUES.

Du tout! ceux qui s'ennuient, s'ennuient; mais ceux qui ne s'ennuient pas, ne s'ennuient pas.

LE MARQUIS.

Le moyen de ne pas s'ennuyer à la cour d'un roi qui vieillit... Sais-tu que S. M. le roi Louis XVIII veut que je me marie?

JACQUES.

Vous!... monsieur le marquis?.

LE MARQUIS.

Il dit que sa noblesse doit au peuple l'exemple des bonnes mœurs, et que le mariage est un état où l'on fait son salut. Monsieur le marquis, m'a-t-il dit l'autre soir aux Tuileries : Il m'est revenu que vous désiriez être duc et pair... Si vous tenez à l'être, prenez femme...

JACQUES.

A quoi, monsieur le marquis a répondu?...

LE MARQUIS.

Que j'en prendrais volontiers deux ou trois... mais qu'une seule me semblait trop. Là-dessus, le roi a souri et s'est écrié : Décidément, mon cher la Vieu-Ville, vous n'avez pas changé! (*Il se lève.*)

JACQUES.

Le flatteur!

LE MARQUIS.

Hein ! je crois que maître Jacques raisonne.

JACQUES.

Moi ?... point... je dis seulement que le roi est comme une jolie femme, il embellit tout ce qui l'approche.

LE MARQUIS, *se regardant dans la glace.*

Il est certain que ce miroir est de l'avis du drôle !... Me marier !... moi, un célibataire endurci !... passe encore lorsqu'il s'agit de mon neveu, le comte de Lillers...

JACQUES.

Vous le mariez donc ?...

LE MARQUIS.

Oui... à Lucile, ma pupille.

JACQUES.

Mademoiselle Lucile à M. de Lillers ? Deux caractères si opposés. Lui, tout en dedans, elle tout en dehors.

LE MARQUIS.

Que veux-tu ? il m'en a fait la demande un jour de brouillard et je la lui ai promise... J'ai idée que mon neveu viendra aujourd'hui en habit de cour pour la signature du contrat... Je le signe les yeux fermés... je les marie à la Fête-Dieu, je les bénis et, une fois mariés, ils s'arrangeront comme ils pourront. Je me lave les mains du reste.

JACQUES.

Le reste pourrait bien arriver !

LE MARQUIS.

La belle affaire !

JACQUES.

Très-vilaine, en effet, si mademoiselle Lucile n'y trouve pas le bonheur.

LE MARQUIS.

Maître Jacques n'aime pas le comte, à ce qu'il parait ?

JACQUES.

Moi, monsieur le marquis, aimer monsieur le comte ? c'est une licence que je ne saurais me permettre sans le consentement de monsieur le comte, et il y met une mesure ! Si je m'avisais de lui offrir mon respect ou mon dévouement, il me demanderait à quoi cela pourrait lui servir.

LE MARQUIS.

Le fait est que M. de Lillers est un gentilhomme fort original. Un beau monsieur tout compassé, qui met ses passions en ordre comme des paperasses dans un casier !... Il colle une étiquette à ses fantaisies et numérote ses caprices. Crois-tu Jacques qu'il ait eu, par hasard, une maîtresse ou deux ?

JACQUES.

Jamais ! ça l'aurait compromis !

LE MARQUIS.

Pauvre Lucile! la voilà bien lotie!... et c'est toi qui prétends qu'on peut se divertir dans une cour où de tels gentilshommes ont le droit de promener leur chasteté? Ah! que l'on s'amusait mieux au temps de l'émigration!... On ne savait jamais la veille où les armées de la République vous permettraient de coucher le lendemain. Mais quel plaisir et quelle insouciance dans ce vagabondage!... Les hommes nous accueillaient pour notre nom; les femmes nous aimaient pour notre malheur! On n'avait pas toujours la bourse pleine, mais l'espérance, comme une amie, nous égayait en chemin. Ah! je connais bien des bonheurs d'aujourd'hui, qui ne valent pas notre infortune d'alors!

JACQUES.

Pour vous, les maîtres, soit! mais pour nous, les valets!

LE MARQUIS.

Bah! là où Almaviva est heureux, Figaro ne manque de rien!... Te souviens-tu de l'aventure qui nous arriva dans ce château de la Franconie?

JACQUES.

Si je m'en souviens! Monsieur le marquis sait bien que mon état est de me souvenir pour deux.

LE MARQUIS.

C'était en...

JACQUES.

En 1799, l'année des blondes...

LE MARQUIS.

Tout juste!... qu'elle était jolie cette chère... cette chère... comment diable l'appelles-tu, cette chère...

JACQUES.

Lina.

LE MARQUIS.

Lina... Des mains de lait et des cheveux...

JACQUES.

Couleur d'or... en ce temps-là, nous étions voués au blond, nous changions de maîtresse, mais de nuance, point.

LE MARQUIS.

Et cette autre rencontre que nous fîmes en Bavière?

JACQUES.

Non pas, en Westphalie.

LE MARQUIS.

Vers 1802, je crois?

JACQUES.

Non pas, s'il vous plaît... en 1803, l'année des brunes.

LE MARQUIS.

Précisément!... l'adorable petite Allemande!... plus sentimentale qu'une élégie, le matin... plus vive qu'une chanson, le soir!... Parbleu! jamais, je crois, je ne fus aussi amoureux, ni si longtemps.

JACQUES.

Cela vous dura six semaines!

LE MARQUIS.

Je te le disais bien!

JACQUES.

Et puis celle-ci, après celle-là, Lina après Sophie...

LE MARQUIS.

Me blâmes-tu, par hasard?...

JACQUES.

Dieu m'en garde!... je ne suis pas encore assez vieux pour me permettre l'hypocrisie.

LE MARQUIS.

Et voilà qu'à tous ces plaisirs a succédé une cour où règne l'étiquette... Et quelles femmes!... Que dis-je? il n'y a plus de femmes à Paris! Ne te semble-t-il pas que le genre humain est très-laid à Paris, en France?

JACQUES.

De profil, ça passe encore...

LE MARQUIS.

Parbleu! on n'en voit que la moitié.

SCÈNE II.

LES MÊMES, ERNEST, *en bourgeois et sans décoration.*

UN LAQUAIS, *en dehors.*

Mais, Monsieur, on n'entre pas ainsi sans être annoncé.

ERNEST.

Laissez... je m'annoncerai bien tout seul.

LE LAQUAIS.

Cependant...

ERNEST, *entrant.*

M. Ernest Simon.

LE MARQUIS.

Ernest?

ERNEST, *saluant.*

Simon.

LE MARQUIS.

Simon de... de...

ERNEST.

Simon de Lorraine, si vous voulez, monsieur le marquis.

LE MARQUIS, *se tournant vers Jacques.*

Connais-tu ça, toi?

JACQUES.

Je connais une province de ce nom, située quelque part en France.

ERNEST.

J'y suis né !

LE MARQUIS.

Pardon, mon cher Monsieur, est-ce pour me l'apprendre que vous êtes monté chez moi ?

ERNEST.

Oui, monsieur le marquis, pour cela et pour autre chose encore.

LE MARQUIS.

C'est étonnant ! mais, d'honneur, le renseignement ne m'intéresse pas du tout.

ERNEST.

Ne vous hâtez pas, monsieur le marquis, le reste vous intéressera davantage.

LE MARQUIS.

Vous croyez ?

ERNEST.

Je l'espère !

LE MARQUIS.

Jacques ?

JACQUES.

Monsieur le marquis ?

LE MARQUIS.

Va dire à ma pupille que je l'attends. Nous déjeunerons ici.

JACQUES.

J'y cours !... (*Il sort.*)

SCÈNE III.

LE MARQUIS, ERNEST.

LE MARQUIS, *après s'être assis à gauche.*

M. Simon est encore là ?... M. Simon n'a donc pas compris ?..

ERNEST.

Au contraire... j'ai compris et je suis resté.

LE MARQUIS.

De l'entêtement après de l'impertinence... vous êtes prodigue, M. Simon.

ERNEST.

Ah ! monsieur le marquis !... que direz-vous quand j'ajouterai l'indiscrétion à ce beau total.

LE MARQUIS.

Je dirai que M. Simon court un grand risque.

ERNEST.

Celui de perdre son temps... et peut-être aussi une espérance !

LE MARQUIS.

Mais, Monsieur !

ERNEST.

De grâce M. le marquis, attendez un peu, vous vous fâcherez après, tout à votre aise, si vous voulez.

LE MARQUIS.

Au fait, Monsieur, et puisque ma pupille ne vient pas... que je vous écoute ou que je dorme, c'est tout un... Allez !...

ERNEST.

Voilà qui est entendu, et je vais commencer l'entretien par une confidence.

LE MARQUIS.

Une confidence ?

ERNEST.

Je ne pousserai pas l'indiscrétion jusqu'à me permettre de vous appeler mon père, mais il est certain, cependant, que je suis votre fils.

LE MARQUIS, *riant.*

Vous ?...

ERNEST.

Moi.

LE MARQUIS.

Et comment, s'il vous plaît ?

ERNEST.

Ma foi, c'est une question à laquelle M. le marquis répondrait mieux que moi ; quant au résultat le voici ! (*Il se lève et salue.*) Ernest Simon... capitaine de hussards, âgé de 26 ans ; fortune, point ; espérances, tout ! Total, un jeune homme d'assez bonne mine, fils inconnu, mais incontestable de M. le marquis de la Vieu-Ville, ici présent.

LE MARQUIS.

Parbleu ! Monsieur, l'aventure est charmante.

ERNEST.

Vous me flattez...

LE MARQUIS.

Mais avant de la tenir pour authentique, vous me permettrez bien de m'entourer de quelques preuves ; car enfin, vous n'arrivez pas chez moi, comme un aérolithe, sans quelque projet ?

ERNEST.

M. le marquis m'a parfaitement compris... me serais-je permis de le déranger sans cela ?

LE MARQUIS.

Alors souffrez que je sonne. (*Il se lève et va sonner.*) J'ai là un valet de confiance...

ERNEST.

Un Figaro en retraite?

LE MARQUIS.

Précisément!... un nommé Jacques qui me sert de mémoire. C'est lui qui est chargé de se rappeler pour moi, c'est plus commode, nous le questionnerons de compte à demi.

ERNEST.

Volontiers!

SCÈNE IV.

JACQUES, LE MARQUIS, ERNEST.

JACQUES.

M. le marquis a sonné?

LE MARQUIS.

Jacques, regarde un peu Monsieur.

JACQUES.

C'est fait.

LE MARQUIS.

Tu ne connais pas monsieur?

JACQUES.

Je le regarde et ne le connais pas.

LE MARQUIS.

Eh bien! ce grand garçon, fort bien tourné, ma foi! et de plus, capitaine de hussards, prétend qu'il est mon fils!

JACQUES.

Eh! M. le marquis, ce sont de ces hasards qui arrivent quelquefois.

ERNEST.

J'en suis la preuve.

JACQUES.

Sans indiscrétion, peut-on interroger monsieur?...

ERNEST.

Sans indiscrétion, c'est impossible, mais ne vous gênez pas pour si peu.

JACQUES, *après avoir salué.*

Monsieur est né?

ERNEST.

A Remiremont, en Lorraine, en 1791.

LE MARQUIS.

Que faisions-nous en 1791, maître Jacques?

JACQUES.

Ma foi, M. le marquis, nous étions à Remiremont, nous étions chevau-léger... c'était au temps de la première émigration.

LE MARQUIS.

Restâmes-nous à Remiremont?

JACQUES.

Deux mois environ.

LE MARQUIS.

Hum !

JACQUES.

C'était au printemps, je crois.

ERNEST, *présentant des papiers au marquis.*

Et je suis né en hiver, voyez...

LE MARQUIS.

Diable !...

JACQUES, *passant au milieu, à Ernest.*

Sur la place d'armes, peut-être?

ERNEST.

Dans la maison qui fait l'angle.

LE MARQUIS.

Allions-nous quelquefois dans ce logis?...

JACQUES.

Souvent... du temps des blondes; vous savez, la maîtresse du logis était petite et mignonne.

LE MARQUIS, *se levant.*

Parbleu! elle était, ma foi, charmante... je m'en souviens.

JACQUES.

Vous vous en souvenez? alors je vais chercher le déjeuner. (*Jacques sort.*)

SCÈNE V.

LE MARQUIS, ERNEST.

LE MARQUIS.

Ainsi, Monsieur, me voilà donc, grâce à vous, père de famille?

ERNEST.

Mon Dieu! M. le marquis, je vous en prie, ne vous occupez pas de moi... je suis votre fils, c'est vrai et vous conviendrez que ce n'est pas de ma faute, mais je ne m'en prévaux pas... je ne tiens de vous que quelques lettres écrites en d'autres temps, et ce double portrait enrichi de brillants; le vôtre et celui de ma mère... c'est là tout l'héritage qu'elle m'a laissé...

LE MARQUIS.

Pauvre Hélène!

ERNEST.

Où que le hasard et les difficultés de ma vie m'aient poussé, je ne m'en suis jamais séparé... j'ai quelquefois bien souffert, mais, lettres et brillants, j'ai tout rapporté.

LE MARQUIS, *regardant le médaillon.*

Voilà bien ces beaux yeux où se reflétait l'âme la plus tendre!

ERNEST.

Oui, bien tendre et bien dévouée!

LE MARQUIS.

Ah! çà, M. mon fils, comment se fait-il que vous ne m'ayez pas instruit plutôt de notre parenté?...

ERNEST.

A quoi bon vous importuner?... ma mère, en mourant, me fit jurer de ne jamais vous parler de ma naissance, à moins d'une nécessité absolue. J'ai tenu mon serment.

LE MARQUIS.

Votre discrétion est d'un galant homme... mais comment diable avez-vous appris à vivre?...

ERNEST.

En vivant!... ma mère m'avait enseigné de bonne heure à trouver en moi mon soutien; le hasard et un peu de bonne volonté ont fait le reste. J'ai grandi par-ci par-là, au collége, au régiment, à la guerre... j'ai commencé par Dresde et fini par Waterloo. L'enfant est devenu homme et un beau matin, je me suis réveillé capitaine de hussards.

LE MARQUIS.

Et le capitaine ayant quelqu'envie de devenir chef d'escadron, s'est souvenu qu'il avait un père quelque part?... je comprends...

ERNEST.

Non, vous ne comprenez pas. Le capitaine ayant connu en Allemagne, chez une dame qui était l'amie de sa mère, une jeune personne dont vous êtes le tuteur...

LE MARQUIS.

Voici l'amour en campagne, j'eusse préféré l'ambition.

ERNEST.

On n'a pas le choix... et puis ne vous impatientez pas... l'ambition aura son tour.

LE MARQUIS.

Ah! l'un n'empêche pas l'autre?

ERNEST.

Au contraire... je veux être digne de la femme que j'ai choisie.

LE MARQUIS, *lui serrant la main.*

Parbleu! jeune homme! je suis ravi d'avoir fait votre connaissance. Depuis mon retour en France, vous êtes le seul homme aimable et spirituel que j'aie rencontré.

SCÈNE VI.

LUCILE, LE MARQUIS, ERNEST, *puis* JACQUES.

LUCILE, *entrant par la gauche.*

Bonjour, mon tuteur.

ERNEST, *à part.*

Lucile !...

LE MARQUIS.

Venez-çà, mademoiselle ma pupille... et que je vous félicite des rencontres que vous faites en Allemagne ; ce sont des aventures surprenantes, et vous ne m'en parlez pas ?

LUCILE.

Que voulez-vous dire ?

LE MARQUIS.

Voilà j'imagine quelqu'un qui te l'apprendra. (*Il lui montre Ernest qui la salue.*)

LUCILE, *à part.*

Ciel ! M. Simon !...

LE MARQUIS.

Eh bien ! vous ne me questionnez plus ?...

LUCILE.

M. le marquis !... (*A part.*) Lui ici et sans m'avoir prévenue !...

LE MARQUIS.

Oh ! ne rougis pas... je sais tout.

LUCILE.

Ah ! M. Simon vous a dit...

ERNEST.

J'ai dit à M. le marquis, Mademoiselle, que je vous avais rencontrée quand nous étions bien jeunes tous deux, et que depuis lors je vous aimais. (*En ce moment, Jacques entre par la droite, suivi de deux laquais portant une table servie qu'ils placent à droite.*)

JACQUES, *à part.*

Amoureux ! bon ! c'est bien le fils de son père.

LE MARQUIS.

Vous l'aimiez sans ma permission ?

LUCILE, *bas.*

Vous voyez bien que non, puisqu'il est ici, et qu'il vous la demande.

LE MARQUIS.

Un peu tard, il me semble.

LUCILE.

Auriez-vous mieux aimé qu'il ne vous la demandât jamais ?

On ne choisit pas son moment, on le prend quand il se rencontre.

(*Pendant ce temps des laquais dressent la table.*)

LE MARQUIS.

Jacques, trois couverts...

JACQUES.

C'est fait.

LE MARQUIS.

Déjà? Allons, jeune homme, à table. (*Les trois interlocuteurs se mettent à table. — Lucile à gauche, le marquis au milieu et Ernest à droite.*) C'est donc en Allemagne que vous vous êtes connus ?

LUCILE.

Oui, mon tuteur, en Allemagne, dans un jardin anglais; vous savez que ma bonne vieille tante ne sortait guère, je grandissais sans autre guide que ses bons exemples et mes réflexions...

LE MARQUIS.

Ah!...

LUCILE.

On en fait beaucoup dans la solitude, j'étais si souvent seule...

LE MARQUIS.

Avec lui !...

LUCILE.

Ma tante l'avait pris en amitié... Quoique tout jeune, l'habitude de la souffrance, les nécessités de la vie, le travail, avaient mûri son esprit... nous causions près d'elle le soir, et le matin nous nous retrouvions encore dans le jardin, près de nos fleurs.

JACQUES, *à part, du côté gauche.*

Pauvres chers enfants! ça grandissait comme des oiseaux, sans père ni mère...

ERNEST.

Et maintenant que vous voilà mon protecteur, vous ne m'empêcherez pas de compter sur vous, comme je comptais sur mademoiselle Lucile.

LE MARQUIS.

Un instant!... je veux bien vous protéger, mon capitaine, mais vous marier, c'est impossible.

ERNEST.

Bah!

LE MARQUIS.

Il n'y a pas de bah!

LUCILE.

Mais, mon tuteur...

LE MARQUIS.

Il n'y a pas de tuteur... il y a un oncle qui a engagé sa parole.

JACQUES.

A son neveu !

ERNEST.

Ah ! oui, à M. le comte de Lillers ?

LE MARQUIS.

Vous le connaissez ?

ERNEST.

Nous nous connaissons beaucoup.

LE MARQUIS.

Ah !

ERNEST.

Je crois même que nos opinions se sont touchées par la pointe. Je lui ai proposé de donner le même divertissement à nos épées.

LE MARQUIS.

Très-bien !... et puis?...

ERNEST.

Et puis rien... les convenances... les bonnes mœurs et sa morgue aristocratique ne lui ont pas permis d'accepter.

LE MARQUIS.

Mais, sacrebleu ! vous portez l'épaulette.

ERNEST.

Oui.

LE MARQUIS.

Et je me suis battu avec un nègre qui portait à peine des culottes !

LUCILE.

Ah ! mon Dieu !

LE MARQUIS.

Oui, ma foi, et voilà Jacques qui vous racontera l'aventure. T'en souviens-tu ?

JACQUES.

Certainement. Ce nègre s'appelait Endymion et M. le marquis lui a fait l'honneur de le tuer roide d'un coup de sabre. C'était pour une signare de Saint-Domingue, à qui ce nègre, général de je ne sais quelle république, envoyait des diamants, tandis que mon maître lui adressait des billets doux.

LE MARQUIS.

Ah ! je me repens de ma promesse, et si je n'avais pas engagé ma parole, je crois Lucile, que je te choisirais un autre mari... maintenant il est trop tard...

LUCILE.

Cependant, il me semble...

ERNEST.

Laissez, Mademoiselle, M. le marquis se fait plus méchant qu'il n'est.

LE MARQUIS.

Je vous trouve plaisant, M. l'officier, vous imaginez-vous par hasard être de force à empêcher ce qui me convient!

ERNEST.

Peut-être!...

LE MARQUIS.

Parbleu! c'est aujourd'hui la fête de Lucile; il ne tiendra qu'à M. de Lillers que la chose soit achevée demain. (*On se lève de table, les laquais emportent la table par la droite.*)

ERNEST.

Nous verrons bien!

LE MARQUIS.

Vous ne verrez rien du tout.

ERNEST.

Que sais-je?...

LE MARQUIS.

Jacques!...

JACQUES.

M. le marquis?...

LE MARQUIS.

As-tu vu beaucoup d'originaux de cette force?

JACQUES.

Ma foi, Monsieur, je vous ai vu quand vous aviez vingt ans.

LE MARQUIS.

C'est donc à dire qu'il a raison?

JACQUES.

Je ne sais pas si M. Ernest a raison, mais je suis sûr que M. le comte a tort.

SCÈNE VII.

LES MÊMES, LE COMTE.

UN LAQUAIS, *annonçant.*

M. le comte de Lillers.

LE MARQUIS.

Et justement, le voici lui-même. Approchez donc, beau neveu...

LE COMTE, *à part.*

Ce jeune homme ici!... Ah! je comprends. (*Haut.*) On s'occupait de moi, à ce que je puis voir?

ERNEST.

Et ce que je disais, M. le comte, je suis prêt à le répéter devant vous.

LE COMTE.

Ne vous donnez pas cette peine, on le devine assez.

LE MARQUIS.

Parbleu! mon pauvre comte, tu marches en pays ennemi... M. Simon te déteste.

LE COMTE.

C'est bien de la bonté.

ERNEST.

Et il ne tient qu'à vous d'en avoir la preuve.

LUCILE, *à part.*

Eh bien, que dit-il ?

LE COMTE.

Pardonnez-moi, Monsieur, mais je n'y tiens pas.

LE MARQUIS.

Eh! mon neveu !... savez-vous que voilà une patience un peu bien catholique pour un gentilhomme?... on vous offre des preuves... pour la seconde fois... et vous n'avez pas même la curiosité d'accepter?

LUCILE, *à part.*

Voilà qui m'étonne mais qui me rassure.

LE COMTE.

Et pourquoi faire, s'il vous plaît? un mot d'abord pour rétablir ma réputation.

JACQUES, *à part.*

Un mot, bon! nous allons avoir un discours.

LE COMTE.

On vous a parlé de M. de Saint-Prix et du furieux coup d'épée qu'il a reçu ?

LE MARQUIS.

J'ai lu quelque chose de cette histoire-là, dans la *Gazette* du matin.

LE COMTE.

C'est moi qui lui ai donné ce coup d'épée.

LE MARQUIS.

Toi!... et pourquoi?...

LE COMTE.

Parce qu'il me gênait. Un emploi était vacant à la cour. Je me mets sur les rangs pour l'obtenir, lui aussi, j'apprends qu'une protection puissante va le faire nommer. Mon parti est pris sur-le-champ. Je connaissais M. de Saint-Prix, un mot lui fait comprendre mon intention. Il accepte, et, le soir venu, nous nous rencontrons dans un parc, chez un ami commun ; il a un coup d'épée et j'ai la place.

LE MARQUIS.

Mais M. de Saint-Prix passait pour une bonne lame; tu manies donc l'épée aussi, toi !

LE COMTE.

Le matin, je vais à la messe avec le roi, et le soir je vais à la salle avec les gardes du corps.

JACQUES, *à part.*

L'ami du diable et du bon Dieu, quel homme!

LE COMTE.

Mais la question du courage vidée, qu'aurais-je gagné à me battre avec Monsieur.

ERNEST.

Voilà une étrange façon de raisonner !

LE MARQUIS.

Oui, vraiment ; mais de mon temps, le moindre mousquetaire aurait coupé la gorge à quiconque eût prétendu lui ravir sa maîtresse.

LE COMTE.

De votre temps, mon oncle, mais du nôtre ! Voyons, vous faut-il une profession de foi, comme disent les députés libéraux.

JACQUES, *à part.*

Une profession de foi, je m'en vais. (*Il sort.*)

SCÈNE VIII.

LUCILE, LE MARQUIS, LE COMTE, ERNEST.

LE COMTE.

Voici la mienne : Tel que vous me voyez, avec mes trente ans, une assez belle fortune et un assez beau nom, et de plus, en perspective, le nom et la fortune de monsieur le marquis, qui sera duc et pair, j'ai pour principe de ne jouer que des parties égales. Vous me direz peut-être que cela n'est point romantique ni chevaleresque. Cela est vrai, mais porté-je un pourpoint abricot avec des crevés de satin blanc, comme un troubadour?... Que M. Simon tienne à me tuer, cela se comprend, et je ne lui en veux pas. Il a sa fortune à faire, et ma mort lui permettrait de compter sur la main de ma fiancée ; mais moi, suis-je dans la même situation? Vous mettriez un quand je mettrais dix ! merci, je ne joue pas votre partie ! Ah ! si vous me gêniez, ce serait autre chose. Mais, vous ne me gênez pas. Donc, mon cher Monsieur, si j'avais l'honneur d'être de vos amis, je vous dirais : Quittez cette maison, oubliez ce qui vous y a conduit, et cherchez fortune ailleurs. Et vraiment si je puis vous être de quelque utilité plus tard, disposez de moi et de mon crédit. Ils sont tout à vous ! Allons, au revoir, Monsieur, bonjour.

ERNEST.

Merci, Monsieur, vous agissez si galamment que j'aurais mauvaise grâce à ne pas vous imiter. J'aime mademoiselle de Rozay et rien ne me coûtera pour obtenir sa main.

LE COMTE.

A votre aise. J'aurai le regret de l'épouser malgré vous.

LE MARQUIS, *à part.*

Maudite promesse !

LUCILE.

Vraiment, Monsieur, je vous admire ! Vous disposez de moi, vous m'épousez, et le tout sans me consulter. Cependant il me semble que je suis bien pour quelque chose dans tout ceci et que mon opinion doit avoir un certain poids dans la balance.

LE COMTE.

Le plus grand, Mademoiselle.

LUCILE.

Puisque vous êtes assez bon pour le reconnaître, laissez-moi vous dire qu'avant de disposer, ainsi que vous le faites, de la main d'une jeune fille, on devrait d'abord interroger son cœur et s'assurer de son consentement. Pour ma part, je trouve le procédé blessant, il froisse ma délicatesse, et, sachez-le bien, jamais certainement je ne me marierai contre le gré de mon tuteur, mais jamais aussi je n'épouserai une personne qui n'aura pas sû se faire aimer... Monsieur... (*Elle salue et sort par la gauche.*)

SCÈNE IX.

LE MARQUIS, LE COMTE, ERNEST.

LE MARQUIS, *au comte.*

Hein ?... qu'en penses-tu ?

LE COMTE.

Le style est bon, correct, élégant. C'est au couvent que ma cousine a été élevée ?... C'est fort bien dit, mais au fond qu'est-ce ? une parure de diamants, quelques cachemires, et il n'y paraîtra plus. Maintenant, mon oncle, puis-je vous dire un mot en particulier?

ERNEST.

Vous avez à causer, je me retire...

LE MARQUIS.

Vous retirer ?... et pourquoi ?... Passez dans la bibliothèque, je ne serai pas long et nous achèverons de faire connaissance.

ERNEST.

Puisque vous le permettez. (*Il sort par la porte du fond, à gauche, après avoir salué le comte qui lui rend son salut.*)

SCÈNE X.

LE MARQUIS, LE COMTE.

LE MARQUIS.

Parbleu ! ce jeune homme est fort bien, et d'une humeur qui me plaît ! n'est-ce point ton avis?

LE COMTE.

Tout à fait.

LE MARQUIS.

Sauf ma pupille, il peut tout attendre de mon amitié.

LE COMTE.

Il est officier dans la garde, je crois. Voulez-vous que je parle pour lui à son colonel ! je suis fort de ses amis. On en fera quelque chose ; en attendant il faut l'évincer.

LE MARQUIS.

Et comment ?...

LE COMTE.

En l'envoyant tenir garnison quelque part, à Limoges, à Strasbourg.

LE MARQUIS.

A deux cents lieues ?...

LE COMTE.

Est-ce trop près ? Il est question d'expédier sept ou huit officiers en mission près du grand turc, je le fais nommer.

LE MARQUIS.

Mon fils en Turquie ! jamais !...

LE COMTE.

Votre fils ? M. Simon, votre fils ?

LE MARQUIS.

Mon fils, oui, à ce qu'il paraît.

LE COMTE.

En voilà bien d'une autre, et d'où diable vous vient-il ce fils ?..

LE MARQUIS.

De Remiremont.

LE COMTE.

Vous avez donc passé par là ?...

LE MARQUIS.

Parbleu !

LE COMTE.

Mais quelle rage vous prenait-il de laisser des souvenirs partout ?

LE MARQUIS.

Pardieu ! tout le monde n'est pas comme toi !... Bref, l'enfant existe, et tu l'as vu... un beau garçon et capitaine de hussards.

LE COMTE.

Et vous ne voulez pas qu'il aille à Constantinople ?

LE MARQUIS.

Non.

LE COMTE.

Il ne peut cependant pas revenir ici pour faire la cour à votre pupille... il est fort entreprenant M. votre fils ?

LE MARQUIS.

C'est dans le sang !

LE COMTE.

Raison de plus pour ne pas m'exposer à son intempérie.

LE MARQUIS.

Garde Lucile si tu peux, moi je garde mon fils.

LE COMTE.

Voilà qu'est bientôt dit, mais le moyen ?

LE MARQUIS.

Ça te regarde.

LE COMTE.

Permettez, ça vous regarde aussi. En somme, mon mariage est votre affaire aussi bien que la mienne.

LE MARQUIS.

Un peu moins s'il te plaît.

LE COMTE.

Vous me promettez Lucile et, parce qu'un fils vous arrive un beau matin à onze heures et demie, vous hésitez à remplir vos engagements ? Le procédé, entre nous, me paraît vif... Gardez M. Simon tant qu'il vous plaira, mais donnez-moi Lucile.

LE MARQUIS.

Et que veux-tu que je fasse avec ce bel entêté ?

LE COMTE.

Tout ce que vous voudrez; quant à moi, j'ai votre parole et je vais chez le roi.

LE MARQUIS.

Chez le roi ?

LE COMTE.

Oui, chez le roi. Je vais faire part à S. M. de mon mariage avec mademoiselle de Rosay; à bientôt, mon oncle, à bientôt. *(Il sort.)*

SCÈNE XI.

LE MARQUIS, *seul.*

Le roi, le roi prévenu !... Que faire à présent ? Résolus comme ils le sont l'un et l'autre, aucun ne voudra reculer devant son rival. Je connais le comte, il ira jusqu'au bout. J'aurai beau répéter à mon fils que ma parole est engagée, il se battra pour la dégager, et l'issue d'une rencontre peut lui être fatale. Ah! cette idée !... Allons, il n'y a pas à hésiter, il faut le contraindre, bon gré malgré, à renoncer à Lucile. Mais quel prétexte... quelle raison ?... Il en faut une devant laquelle il soit forcé de céder, et je n'en ai pas... Qu'inventer ?

SCÈNE XII.

ERNEST, LE MARQUIS.

ERNEST.

Eh bien ! M. le marquis.

LE MARQUIS.

Vous voilà, M. mon fils... (*A part.*) C'est embarrassant...

ERNEST.

Et vous savez ce qui me ramène.

LE MARQUIS.

Parbleu (*A part.*) Ah ! j'y suis !... le moyen est hardi mais radical. (*Haut.*) Vous aimez ma pupille et votre plus vif désir serait d'en faire votre femme...

ERNEST.

Assurément.

LE MARQUIS.

Voilà justement ce qui est impossible.

ERNEST.

Toujours à cause de votre parole ?

LE MARQUIS.

Là n'est pas le plus difficile... Tout à l'heure quand vous m'avez demandé la main de Lucile, vous n'avez pas remarqué l'embarras que j'éprouvais, (*A part.*) que j'éprouve encore ?

ERNEST.

J'ai compris que vous refusiez.

LE MARQUIS.

Eh ! mais, ce n'est pas tout. (*A part.*) Comment lui dire...

ERNEST.

Quoi ?... qu'y a-t-il donc ?

LE MARQUIS, *à part.*

Mentir... encore si c'était à une femme ! (*Haut.*) Je ne voulais pas vous l'apprendre, mais votre persistance m'y contraint... Lucile.

ERNEST.

Mais parlez, parlez donc, M. le marquis !

LE MARQUIS.

Eh bien ! Lucile... savez-vous ce qu'elle est ?... Lucile !... c'est votre sœur... (*A part.*) Ouf !

ERNEST.

Lucile ! ma sœur !

LE MARQUIS.

Ni plus, ni moins.

ERNEST.

Ma sœur ! mademoiselle Lucile ?

LE MARQUIS.

Elle-même en personne.

ERNEST.

Mais, Monsieur, comment se fait-il?

LE MARQUIS.

Eh parbleu! comment se fait-il que vous-même!... mais ces choses-là se voient tous les jours.

ERNEST.

Lucile est donc ma sœur!

LE MARQUIS.

Il n'est pas nécessaire de le crier sur tous les tons comme vous le faites. Remettez-vous et écoutez-moi... Vous êtes hussard, que diable! vous aimez Lucile... Eh! mon Dieu! j'ai aimé aussi, et ça passe. Allons, mon jeune ami, du courage! voyez-la ou écrivez-lui, et sans rien lui dire de ce que je confie à votre loyauté, vous trouverez un prétexte pour vous dégager, que sais-je, moi! il en est mille. Et vous verrez, monsieur mon fils, que vous n'aurez pas lieu de vous repentir de votre obéissance.

ERNEST.

Je la verrai une dernière fois... je vous obéirai, M. le marquis.

LE MARQUIS, *appelant.*

Jacques?

SCÈNE XIII.

ERNEST, *assis à gauche*, LE MARQUIS, JACQUES.

JACQUES, *entrant.*

M. le marquis.

LE MARQUIS.

Voilà M. Ernest, mon fils... tu lui obéiras en tout comme à moi-même.

JACQUES.

De grand cœur!

LE MARQUIS.

S'il veut parler à mademoiselle Lucile, tu le conduiras auprès d'elle... Ernest est ici chez lui. (*A Ernest.*) Allons, du courage, morbleu! (*A part, en s'en allant.*) Voilà qui est fait. Pauvre garçon! comme il est ému!... Voilà où ça mène aussi de n'avoir qu'un amour en tête!.. Je le corrigerai de ce défaut. (*Il sort par le fond.*).

SCÈNE XIV.

ERNEST, JACQUES.

JACQUES.

Eh bien! Monsieur, vous voilà de la maison, et j'en suis

bien aise. Mais, dites-moi, M. le marquis a donc rompu avec M. de Lillers, et vous épousez mademoiselle Lucile ?

ERNEST.

Lucile, ne m'en parlez jamais.

JACQUES.

Qu'est-ce qui vous prend donc ? vous ne l'aimez donc plus

ERNEST, *se levant.*

Je ne l'aime plus... je ne l'ai jamais tant aimée !

JACQUES.

Eh bien ! alors... Tenez, M. Ernest, vous me cachez quelque chose... parlez, un vieux serviteur comme moi, ça peut tout entendre.... vous avez un air qui me revient, et puis, vous aimez mademoiselle Lucile qui est aussi l'enfant de la maison...

ERNEST.

Et voilà justement ce qui cause mon désespoir...

JACQUES.

Et pourquoi ?

ERNEST.

Le marquis n'a point de secrets pour vous ?

JACQUES.

C'est connu...

ERNEST.

Je puis donc vous parler sans indiscrétion. Je suis, vous le savez, le fils de M. le marquis...

JACQUES.

Oui, après ?

ERNEST.

Et mademoiselle de Rozay n'est-elle pas ma sœur ?

JACQUES.

Qui ?

ERNEST.

Lucile.

JACQUES.

Qui est-ce qui vous a dit ça ?

ERNEST.

M. le marquis.

JACQUES.

Ah ! la bonne histoire ! Mais, pour Dieu, Monsieur, combien croyez-vous donc que nous ayons fait d'étourderies ?

ERNEST.

Eh ! qui diable sait !

JACQUES.

Je le sais bien, moi...

ERNEST.

Ainsi, Lucile, ma Lucile, pourrait être ma femme ?

JACQUES.

Complétement ! Madame la baronne, la mère de mademoiselle Lucile... était, il est vrai, cousine de M. le marquis, ce qui eût été dangereux, si on avait pu se voir ; mais à l'époque où madame de Rozay était à Hambourg, nous étions à Coblentz.

ERNEST.

Ah !

JACQUES.

Et quand, pour la première fois, monsieur le marquis a vu madame la baronne, Lucile était bien grande comme ça.

(*Il fait un geste avec la main.*)

ERNEST.

Ah ! vous me sauvez la vie, ami Jacques.

JACQUES.

Pardieu ! moi qui connais, fredaine par fredaine, la vie de M. le marquis, je ne saurais m'y tromper ; et tenez, c'est moi qui étais chargé de faire peindre les portraits de ses maîtresses... quelle collection !... Elle est tout entière là-haut dans une cassette... Eh bien ! celui de madame la baronne n'y est pas... êtes-vous tranquille ?

ERNEST.

Si je le suis !... C'est quelque diablerie du comte.

JACQUES.

De M. de Lillers... oui, certainement.

ERNEST.

Ah ! monsieur mon père, vous me jouez de ces tours-là !... Eh bien ! vous n'aurez qu'à vous bien tenir... nous allons voir.

JACQUES.

Tenez, Monsieur, si vous m'en croyez, vous entrerez là... Mademoiselle Lucile y est... et vous vous expliquerez tout à votre aise...

ERNEST.

Là, dis-tu ?

JACQUES.

Oui, là.

ERNEST.

Mais ce que tu m'as dit... tu es bien sûr, au moins?...

JACQUES.

Si j'en suis sûr !... Eh ! Monsieur, voudrais-je vous tromper, quand il s'agit de votre honneur, de celui de mademoiselle Lucile ?

ERNEST.

Oui, oui, je te crois et je cours... Je te devrai mon bonheur, mon vieux Jacques, je ne l'oublierai jamais.

JACQUES.

Allez et épousez, Monsieur, épousez.

SCÈNE XV.

JACQUES, *seul.*

Pauvre garçon, est-il content!... La ruse n'était pas si maladroite... heureusement que je suis là! et si monsieur le comte épouse mademoiselle Lucile, ce ne sera pas ma faute.

SCÈNE XVI.

LE MARQUIS, JACQUES.

LE MARQUIS, *à part.*

Voyons, il me tarde de savoir... (*Regardant.*) Et M. Ernest, mon fils?

JACQUES.

Il m'a demandé à voir mademoiselle Lucile, et selon vos ordres, je l'ai conduit auprès d'elle.

LE MARQUIS, *à part.*

Bon! le chapitre des explications... m'aura-t-il cru seulement?... Après tout, pourquoi ne me croirait-il pas?

JACQUES, *à part.*

Combinez, combinez, M. le marquis.... vous n'en êtes pas où vous croyez.

LE MARQUIS.

C'est égal, je ne serai tranquille que lorsque je les aurai vus l'un ou l'autre.

SCÈNE XVII.

LUCILE, LE MARQUIS, JACQUES.

LUCILE, *bas à Ernest en entrant par la porte à gauche.*

Tenez-vous là, écoutez et comptez sur moi.

LE MARQUIS, *à part.*

Ma pupille... je vais savoir... (*A Jacques.*) Laisse-nous...

JACQUES.

Tout de suite. (*A part.*) C'est un vieux diable, mais elle est un peu de la famille... je n'ai pas peur... (*Il sort par le fond.*).

SCÈNE XVIII.

LUCILE, LE MARQUIS.

LE MARQUIS.

Eh bien! Lucile?

LUCILE.

Eh bien! mon tuteur?

LE MARQUIS.

Tu as vu Ernest?

LUCILE.

Je le quitte à l'instant.

LE MARQUIS, *à part.*

Point d'émotion ! une tranquillité parfaite... aurait-il hésité à parler?.. (*Haut.*) Il avait quelque chose à te dire, je crois, et je craignais que l'entretien ne fût orageux.

LUCILE.

Vous vous doutiez donc de ce qu'il avait à m'apprendre?

LE MARQUIS.

Ne s'agissait-il pas d'une rupture ?...

LUCILE.

Oui, des devoirs impérieux, votre repos, une mission importante... que sais-je enfin, une foule de bonnes raisons qui me semblent assez mauvaises ; bref, (*avec ironie.*) il m'a fait comprendre que je ne pouvais plus prétendre à l'honneur de lui appartenir...

LE MARQUIS, *à part.*

Il m'a tenu parole. (*Haut.*) Peuh ! ce n'est qu'un mari perdu... pourvu que tu ne le regrettes pas trop.

LUCILE.

Le regretter ! et pourquoi ?

LE MARQUIS.

Tu paraissais tant tenir à lui...

LUCILE.

Par hasard, faudrait-il me mettre à pleurer comme une héroïne de roman ?

LE MARQUIS.

Non pas.

LUCILE.

Je me suis fait une raison...

LE MARQUIS, *à part.*

C'est-à-dire qu'elle l'oublie parfaitement. Voilà donc de ces flammes éternelles... Oh ! les femmes !..

LUCILE.

Ai-je eu tort?

LE MARQUIS.

Point... et ta manière de prendre les choses me ravit... La belle affaire après tout qu'un mari qui est à la disposition du premier boulet qui passe...

LUCILE.

Et qu'un ordre peut envoyer demain à Toulouse ou à Draguignan.

LE MARQUIS.

Au bout du monde... voilà qui est dit et nous n'en parlerons plus...

LUCILE.

Volontiers... Seulement, pour prouver à M. Simon que je vaux mieux que lui, ne lui retirez pas votre protection...

LE MARQUIS

Il aura la mienne et celle de M. Lillers... ton mari.

LUCILE.

Oh ! il ne l'est pas encore, et je crois même qu'il ne le sera jamais.

LE MARQUIS.

Quoi! même après l'abandon du capitaine?

LUCILE.

Et en quoi, s'il vous plaît, cet abandon doit-il influer sur ma résolution ?... je ne voulais pas de M. de Lillers auparavant, je n'en veux pas après, et c'est tout.

LE MARQUIS.

Voilà qui est singulier! par hasard, prétendrais-tu coiffer sainte Catherine?

LUCILE.

Dieu m'en garde?

LE MARQUIS.

Mais, alors?

LUCILE.

Mais ne saurait-on se marier sans épouser M. de Lillers?

LE MARQUIS.

Non, sans doute, mais qui?

LUCILE.

Oh ! qui ! ne dirait-on pas que les maris manquent à Paris... On ne va pas dans un bal qu'on n'en rencontre par douzaines.

LE MARQUIS.

Mademoiselle de Rozay, regardez-moi.

LUCILE.

Volontiers... après?

LE MARQUIS.

Vous m'avez tout l'air, Mademoiselle, d'avoir une idée là-dessus... quelque chose comme une opinion, un choix même.

LUCILE.

Et quand cela serait?

LE MARQUIS.

Oh ! ce n'est pas moi qui t'en blâmerai... mais... comment diable arranges-tu ce choix avec ces souvenirs d'Allemagne.

LUCILE, *coquettement.*

Mais puisque ces souvenirs désertent leur drapeau.

LE MARQUIS.

C'est juste... il y a donc quelqu'un?

LUCILE.

Sans doute... est-ce qu'il n'y a pas toujours quelqu'un.

LE MARQUIS.

Voyez-vous ça? Et moi qui ne me doutais de rien!... Et dis-moi, je le connais?

LUCILE.

Beaucoup!

LE MARQUIS.

Tiens! tiens... le voit-on ici quelquefois?

LUCILE.

Souvent.

LE MARQUIS.

Un jeune homme?

LUCILE, *vivement.*

Non pas... (*A part.*) Il faudra bien qu'il y vienne!

LE MARQUIS.

Ah! ce n'est pas... (*Se rapprochant.*) Voilà qui m'intrigue... Et sans doute il t'aime aussi?...

LUCILE.

Il ne me l'a jamais dit.

LE MARQUIS.

Le maladroit!...

LUCILE.

C'est bien ce qu'il me semble...

LE MARQUIS, *à part.*

Elle est charmante. (*Haut.*) Mais peut-être ne lui as-tu pas fait comprendre?...

LUCILE.

Voilà qui est merveilleux! Depuis quand, s'il vous plaît, est-ce à nous de parler... N'est-ce pas à vous de deviner les choses qu'on vous cache et encore comment les cache-t-on! assez mal!...

LE MARQUIS, *à part.*

Est-ce que par hasard?... ce trouble... cette rougeur...

LUCILE, *à part.*

Il y viendra.

LE MARQUIS.

Dis-moi, ce jeune homme... qui n'est pas très-jeune... te voit-il souvent?

LUCILE.

Tous les jours...

LE MARQUIS.

Ah! (*Se redressant; à part.*) Après tout on est d'une taille et d'un air!... (*Haut.*) que ne parlais-tu!... j'ignorais tout cela... mais on peut regagner le temps perdu...

LUCILE.

Oh! le voudrez-vous?

LE MARQUIS.

Comment si je le voudrai! me prends-tu pour un barbare! moi, faire pleurer d'aussi beaux yeux... sais-tu bien que tu as les plus beaux yeux du monde!

LUCILE.

Est-ce d'aujourd'hui seulement que vous vous en apercevez?

LE MARQUIS.

Non, mais pourquoi te l'aurais-je dit plus tôt?

LUCILE.

On dit toujours...

LE MARQUIS.

Tu es adorable ainsi... un feu dans tes regards... une animation. (*Lui baisant la main.*) Voilà qui me décide à retarder ton mariage.

LUCILE.

Le retarder seulement?...

LE MARQUIS, *se rapprochant.*

Le rompre, si tu veux; mais à une condition...

LUCILE.

Une condition ?

LE MARQUIS.

Tu me diras le nom de l'inconnu...

LUCILE.

Vous ne l'avez pas deviné...

LE MARQUIS, *à part.*

C'est clair... tant pis! si je vole mon neveu...

LUCILE.

Vous vous taisez... je vois bien que le soin de mon bonheur vous touche peu.

LE MARQUIS.

Non, Lucile, je t'ai comprise, je suis à tes pieds et il dépend de toi que ce mariage ne se fasse jamais. (*Il se met à genoux.*)

LUCILE, *à part.*

Enfin ! (*Elle tousse.*)

SCÈNE XIX.

LUCILE, LE MARQUIS, ERNEST, *puis* JACQUES.

ERNEST, *sortant de sa cachette.*

Eh bien ! monsieur mon père, je vous y prends.

LE MARQUIS, *à genoux.*

Ernest!... je suis joué!... (*A Lucile.*) Tu ris!... ah ! friponne !

LUCILE

Dame ! quand on n'est pas habituée aux batailles, un premier succès...

ERNEST, *prenant le marquis à part.*

Vous n'allez plus j'imagine, me parler de paternité?

LE MARQUIS, *haut.*

Tenez, monsieur mon fils, vous me plaisez décidément et on fera quelque chose pour vous.

LUCILE, *courant à lui.*

Bien vrai!

LE MARQUIS.

Bien vrai ! petite rusée? t'es-tu assez moquée de ton tuteur? mais tiens, embrasse-moi de bonne amitié!... vous êtes mes deux enfants, et je vous aime de tout mon cœur.

ERNEST, *l'embrassant.*

Mon père!...

JACQUES, *entrant.*

A la bonne heure ! tout s'arrangera ; le fils devait avoir raison du neveu.

LE MARQUIS.

Ma foi tant pis! le comte s'arrangera comme il pourra, et s'il vient me parler de la parole que je lui ai donnée, eh bien! je lui répondrai à coups d'épée.

JACQUES.

Et s'il n'est pas content, il sera battu !

LE MARQUIS.

Ah! mon Dieu! mais c'est impossible! Lucile, Ernest, séparez-vous... je ne puis pas vous marier.

ERNEST.

Que dites-vous ?

LE MARQUIS.

Eh ! parbleu ! je dis que le comte est venu me demander mon consentement pour parler de son mariage à Sa Majesté, je le connais, il viendra ce soir, le contrat à la main, et au nom du roi il faudra signer.

ERNEST.

Vous signerez ?

LE MARQUIS.

Et le moyen de l'éviter!... tu es mon fils, mais le roi est le roi.

LUCILE.

Vous ferez ce que voudrez, mon tuteur, mais certainement je prendrai le voile.

LE MARQUIS.

Hein?

LUCILE.

Et vous ne me reverrez jamais. (*Elle sort par la gauche.*)

LE MARQUIS.

Eh bien! elle s'en va?

SCÈNE XX.

LE MARQUIS, ERNEST, JACQUES.

ERNEST.

Et moi! j'irai me faire casser la tête... je ne sais où... (*Il tombe dans un fauteuil.*)

LE MARQUIS.

Lui aussi! et voilà comme vous prenez les choses; vous avez vingt-cinq ans, vous êtes soldat, et du premier coup vous criez que tout est perdu... ça fait pitié!

ERNEST.

Et que voulez vous que je fasse ?

LE MARQUIS.

Des folies !...

ERNEST, *se levant.*

Ah ! vous croyez qu'on peut encore...

LE MARQUIS.

On peut toujours... on cherche... on essaie, que diable !... mais si l'on avait voulu me ravir ma maîtresse, quand j'avais ton âge... j'aurais mis le feu aux quatre coins du monde.

JACQUES.

Tout net.

LE MARQUIS.

Les tuteurs, les balcons, les verroux, le diable, rien ne m'arrêtait... demande à Jacques.

JACQUES.

J'en sais quelque chose ; un jour, à Londres, un nabab courtisait miss Arabella , pour qui nous soupirions, quatre vigoureux gaillards le saisissent un soir, l'embarquent sur un canot et le font naviguer pendant huit jours.

LE MARQUIS, *s'animant.*

Et à Lisbonne te souviens-tu de cette Portugaise... doña...

JACQUES.

Jacintha !

LE MARQUIS.

Jacintha !... une fille qui avait des yeux plus noirs que l'enfer... un noble Portugais allait l'épouser... parbleu ! J'enlevai la belle le jour de ses noces.

ERNEST.

Ah !

LE MARQUIS.

Elle pleurait un peu... mais bah !... les femmes pleurent toujours.

JACQUES.

C'est dans la tradition !

LE MARQUIS, *avec emportement.*

Voilà comment on pratiquait l'amour de mon temps.

JACQUES, *voyant le comte qui entre.*

Le comte.

SCÈNE XXI.

ERNEST, LE COMTE, LE MARQUIS, JACQUES.

LE COMTE, *raillant.*

La place m'est heureuse à vous y rencontrer.

ERNEST.

C'est un plaisir auquel vous serez longtemps exposé.

LE COMTE.

Diable!... jusqu'à quand s'il vous plaît?

ERNEST, *froidement.*

Jusqu'à mon prochain mariage avec mademoiselle de Rosay.

LE MARQUIS, *à part.*

Bien!

ERNEST.

Vous vous taisez, Monsieur!

LE COMTE.

Pardonnez-moi... j'admirais la facilité avec laquelle vous me supprimez... car vous me supprimez.

ERNEST.

Hélas!...

LE COMTE.

Et du consentement de mon cher oncle, à ce que je puis voir?...

LE MARQUIS.

Avec plaisir!... ça déplaît-il à monsieur mon neveu, par hasard?

LE COMTE.

Mais... point... et ne vous gênez pas... Vous m'aviez donné votre parole, vous me la retirez... fort bien... il me reste le roi...

LE MARQUIS, *avec humeur.*

Le roi!... le roi!... toujours le roi!

LE COMTE, *gravement.*

Sa Majesté est prévenue, et pour me témoigner son contentement, elle a bien voulu me promettre de signer au contrat, et c'est avec elle que vous aurez à vous entendre. (*A Ernest.*) A présent, Monsieur, entrez, sortez, restez, cela m'est complétement indifférent, vous ne me gênez pas et je passe outre. (*Il passe à droite.*)

LE MARQUIS.

Permets... la question est mal posée... M. Simon te gêne beaucoup...

LE COMTE.

M. Simon! allons donc!

LE MARQUIS.

Je ne te l'ai donc pas dit?... c'est mon fils.

LE COMTE.

Oh! un fils d'occasion. (*Mouvement d'Ernest.*)

LE MARQUIS, *lui serrant la main.*

Un fils que j'aime, que j'adopte, et à qui je me propose de laisser ma fortune et mon nom.

JACQUES.

Très-bien!

LE COMTE.

Sérieusement ?

LE MARQUIS.

Dès demain le garde des sceaux recevra ma demande.

LE COMTE, *à part.*

Ah ! les titres... les richesses, il aura tout...

LE MARQUIS.

Eh ! bien, qu'en pensez-vous, M. le comte ?

LE COMTE.

Je pense que M. Simon me gêne beaucoup, en effet.

ERNEST.

Enfin !

LE COMTE.

J'ai mis un peu de temps à m'en apercevoir, mais que voulez-vous?... Pouvais-je m'imaginer que vous donneriez le nom de la Vieu-Ville à un...

ERNEST, *allant à lui.*

Monsieur...

LE COMTE, *froidement.*

Monsieur ?... volontiers, à présent.

LE MARQUIS, *vivement.*

Un duel ! je ne veux pas...

ERNEST.

Mon père !... après un tel outrage !

LE MARQUIS.

Non, non... te dis-je !...

ERNEST.

Je porterai votre nom, et je le laisserais flétrir ! Venez, Monsieur... mon régiment est ici près et deux officiers nous serviront de témoins.

LE COMTE.

De grand cœur !... pas de bruit surtout, c'est de mauvais goût... vous m'offrez les témoins... je vous offre le jardin de mon hôtel, tout à côté...

JACQUES, *au marquis.*

Mais, Monsieur...

LE MARQUIS.

Mon fils... (*Il l'embrasse.*)

ERNEST.

Mon père !...

LE MARQUIS.

Je ne veux pas.

ERNEST.

Non ! non ! laissez-moi ! A bientôt !... (*Il sort avec le comte.*)

SCÈNE XXII.

LE MARQUIS, JACQUES.

LE MARQUIS.

Mon pauvre Ernest ! il va se battre... Sais-tu que le comte est terrible avec son sang-froid ?

JACQUES.

Il fallait les retenir à tout prix... mais vous avez une tête !

LE MARQUIS.

Tu as bien entendu ce qu'il m'a dit. Le moyen de l'empêcher quand moi-même...

JACQUES.

Mais aussi, pourquoi alliez-vous lui dire que vous vous battiez avec des nègres ?

LE MARQUIS.

Le cœur me saute dans la poitrine. (*Tirant sa montre.*) Ils doivent être arrivés... et ne pas savoir... le sang me bout... (*Tout à coup d'une voix forte.*) Jacques !... (*Le marquis va et vient.*) Cette fenêtre donne sur les jardins de M. de Lillers... regarde un peu si tu ne vois rien.

JACQUES, *à la fenêtre.*

Rien... il y a là de grands marronniers qui interceptent la vue.

LE MARQUIS, *regardant aussi.*

Oui... et dire que sous ce feuillage... mon fils !... Comprends-tu cela, toi ?... Ce matin je ne le connaissais pas et ce soir !... Oh ! je ne puis tenir en place... il faut que je sorte...

JACQUES.

Y pensez-vous, M. le marquis... et si on le ramenait ?...

LE MARQUIS.

Blessé... n'est-ce pas ?... Oh ! tu as raison, je reste... mais quel supplice ! (*Tout à coup et vivement.*) Jacques ?

JACQUES.

M. le marquis.

LE MARQUIS.

Des fleurets sont là dans ce cabinet, j'en veux deux...

JACQUES.

Les voilà !

LE MARQUIS.

Bien ! prends-en un... je prends l'autre et mets-toi là... ce sera le jugement de Dieu.

JACQUES.

M'y voilà !... mais pourquoi faire ?

LE MARQUIS.

Tu ne comprends pas ?... Mon fils se bat, je le représente, et tu es son adversaire.

JACQUES.

Ah ! très-bien, si vous me touchez, il est vainqueur... si je vous touche...

LE MARQUIS.

Tais-toi ! et en garde... J'attaque... (*Ils se battent.*)

JACQUES.

Poussez ferme !...

LE MARQUIS.

N'aie pas peur et défends-toi... bien... paré...

JACQUES.

Oh ! le comte est retord... à vous...

LE MARQUIS.

Et mon fils est brave... à toi...

JACQUES.

Non, pas encore !

LE MARQUIS.

Ah ! tu recules... tiens !... le comte est touché... Béni soit Dieu !...

JACQUES.

C'est égal... tout vainqueur que vous êtes, j'aimerais autant qu'il fût ici.

SCÈNE XXIII.

LES MÊMES, LE MARQUIS, LE COMTE,

LE MARQUIS.

On monte... c'est lui !... c'est mon fils... (*Il court.*) Ciel ! le comte... (*Il tombe dans un fauteuil.*)

JACQUES.

Oh ! il l'a tué !

LE MARQUIS, *il se lève vivement et court au comte.*

Mon fils ! où est mon fils ?... parle, qu'en as-tu fait ?...

LE COMTE.

Il se porte aussi bien que moi.

LE MARQUIS.

Ni tué, ni blessé ?

LE COMTE.

Pas plus l'un que l'autre... M. Jacques, veuillez prier mademoiselle de Rozay de venir ici. (*Jacques sort par la gauche.*)

LE MARQUIS.

Vous vous êtes battus, cependant.

LE COMTE.

Oui !...

LE MARQUIS.

Mais alors comment ?

LE COMTE.

Oh! c'est fort simple... nous croisons l'épée... il me presse et me déchire l'épaule... là. .

LE MARQUIS.

Bien!

LE COMTE.

Merci! je romps... Il se fend... mais je pare et son épée tombe en morceaux... Il voulait en prendre une autre, mais les témoins s'y sont opposés.

LE MARQUIS.

Et où est-il?

LE COMTE.

Mais je ne sais. Nous nous sommes salués, et je l'ai perdu de vue à la sortie du jardin.

LE MARQUIS.

Allons, il est vivant, c'est l'essentiel...

LE COMTE.

Mademoiselle Lucile tarde bien!

LE MARQUIS.

Tu dis donc que le roi est averti...

LE COMTE.

Oui, mon oncle.

LE MARQUIS.

Et tu es bien décidé à épouser Lucile?

LE COMTE.

Très-décidé, mon oncle... (*A Jacques qui rentre.*) M. Jacques! mademoiselle de Rozay?

JACQUES.

Mademoiselle de Rozay, M. le comte, elle n'est plus ici.

LE COMTE.

Et où est-elle?

JACQUES.

Je ne sais pas...

LE MARQUIS.

Ah! çà t'expliqueras-tu?... voyons...

JACQUES.

Dame! M. le marquis, mademoiselle Lucile s'en est allée avec monsieur votre fils...

LE MARQUIS.

Un enlèvement!...

JACQUES.

Je crois bien que oui, monsieur le marquis!...

LE MARQUIS.

Mais, maugrebleu! les choses ne se passeront pas comme monsieur mon fils se l'imagine... Il se porte bien, tant mieux! et voilà qui le prouve assez...

LE COMTE.

Trop, mon cher oncle, trop !

LE MARQUIS.

Mais je ne suis pas un Géronte pour qu'on se moque de moi !... il faut courir après monsieur.

SCÈNE XXIV.

JACQUES, ERNEST, LE MARQUIS, LE COMTE.

ERNEST.

Ne courez pas si fort, mon père, c'est inutile.

LE MARQUIS.

Ah ! vous voilà !... Parbleu !... j'en suis ravi... votre conduite est d'un fort vilain goût... Depuis quand, s'il vous plaît, enlève-t-on les pupilles de chez leurs tuteurs ?

ERNEST.

Depuis que les pères le conseillent à leurs fils...

LE MARQUIS.

Je vous l'ai conseillé, moi ?

ERNEST.

Et la Portugaise, vous savez... qui pleurait un peu... mais pas trop...

JACQUES.

Ah ! M. le marquis... c'est vrai... j'y étais.

LE MARQUIS.

Eh, Monsieur... cela se passait à Lisbonne.

ERNEST, *froidement.*

Oh ! le climat n'y fait rien.

LE MARQUIS, *au comte.*

Cela ne vous indigne pas, Monsieur ?

LE COMTE.

Je ne m'indigne jamais, mon oncle.

LE MARQUIS.

Eh ! Monsieur, sortez un peu de votre glace éternelle... il s'agit de votre fiancée..., courez chez le ministre... chez le procureur du roi... chez le diable et faites-vous-la rendre.

LE COMTE.

Et quand on me l'aura rendue, qu'en ferai-je ?

LE MARQUIS.

Parbleu ! vous l'épouserez...

LE COMTE.

Permettez...ce matin, c'était bien... mais ce soir... monsieur votre fils l'a enlevée, et je vous baise les mains.

LE MARQUIS.

Ainsi tu me rends ma parole ?

LE COMTE.

Pleine et entière ?

ERNEST.

Et vous ne prétendez plus à la main de mademoiselle Lucile ?

LE COMTE.

Dieu m'en garde !

SCÈNE XXV.

JACQUES, ERNEST, LE MARQUIS, LUCILE, LE COMTE.

LUCILE, *sortant de la chambre voisine.*

Merci, mon cousin !

LE COMTE.

Ah !... (*Il salue Ernest.*) Bien joué, Monsieur.

LE MARQUIS, *à Lucile.*

Mauvais sujet !... vous en commettez donc de ces escapades?

LUCILE, *courant à lui.*

C'est lui qui l'a voulu... mais, sortie par la cour, il m'a ramenée par le jardin.

LE COMTE, *à part.*

Allons ! il est aimé... j'ai perdu, mais j'y gagne encore. (*Haut.*) Monsieur mon cousin, vous m'avez pris ma fiancée... vous me devez bien quelque chose?

ERNEST.

Parlez...

LE COMTE.

Donnez-moi votre amitié... (*A part.*) Le mari d'une jolie femme ça peut toujours servir !...

JACQUES, *en riant.*

Eh bien ! M. le marquis, qu'en dites-vous?

LE MARQUIS, *à Jacques.*

Ma foi ! je dis que nous avons bien fait d'aller à Remiremont.

FIN.

POISSY. — TYPOGRAPHIE ARBIEU.

www.ingramcontent.com/pod-product-compliance
Ingram Content Group UK Ltd.
Pitfield, Milton Keynes, MK11 3LW, UK
UKHW022150170726
13837UKWH00004B/1900